fraises
CRESSON
MELONS CAROTTES
courges
OIGNONS tomates
NAVETS
CHOUX agneau RADIS ORANGES poires
POIVRE NOIX ANANAS panais SEL NAVETS BLETTES FENOUIL
betteraves POTIRONS CANNELLE BANANES crevettes SAUMON

AVOCATS potirons CELERIS-RAVES RAISINS FROMAGES POIREAUX

BROCOLI CONCOMBRES ORANGES VEAU DINDE LAPIN

ŒUFS courgettes ASPERGES champignons

artichauts AUBERGINES POULET AIL PORC RIZ SEL POIVRONS CANARD

BŒUF CITRONS avocats POMMES DE TERRE haricots

BLETTES

POMMES

Recettes
À MOINS DE 5 €

AUDE ROYER + FABRICE BESSE

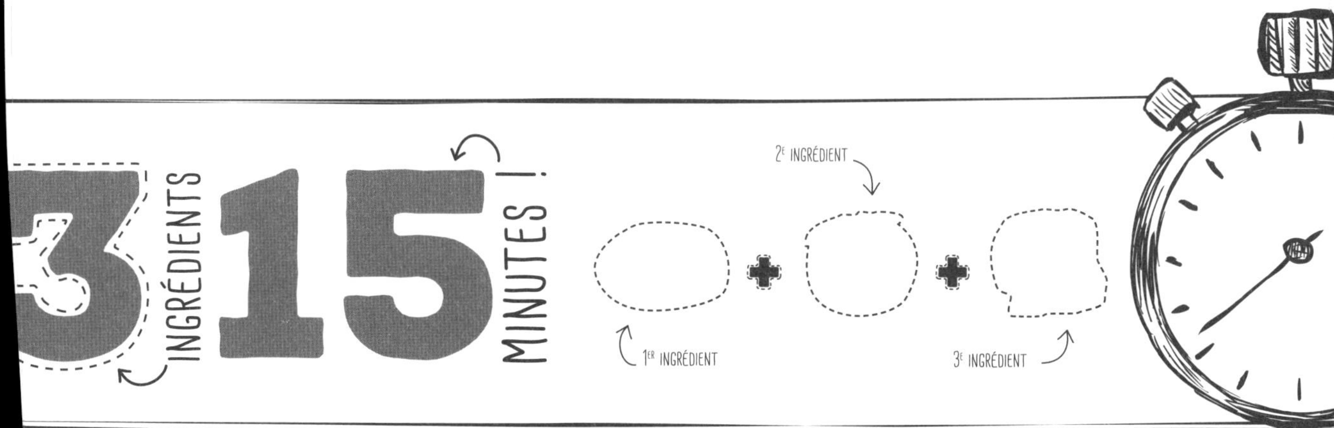

LAROUSSE

Le SOMMAIRE

INTRODUCTION 7

MA PETITE ÉPICERIE SALÉE ET SUCRÉE 8

APÉRITIFS ET ENTRÉES

Chips de légumes 12
Houmous au concombre 14
Rillettes de thon aux tomates séchées 17
Mille-feuille de mozzarella et de pêches 18
Potage de carottes au lait de coco et au gingembre 20
Cake au fenouil, lardons et fromage 22
Tarte fine aux oignons rouges 23
Mini-muffins au potiron 25
Œufs cocotte au poivron et à la ciboulette 26
Velouté de pommes de terre aux petits pois 28
Gaspacho courgette-concombre 29
Potage de chou-fleur aux noisettes 31

PURÉE DE POTIRON

PARMESAN RÂPÉ

ŒUFS

PLATS À LA VIANDE ET À LA VOLAILLE

Sauté de porc à l'ananas 32
Pâtes à la crème de chorizo 34
Croque-monsieur aux épinards et au speck 35
Mignonnettes de porc, sauce poire et bleu 36
Poulet au miel et à la moutarde 38
Émincé de poulet à la sauge 40
Flans de petits pois aux lardons 42
Boulettes de poulet à la coriandre 43
Wok de bœuf au brocoli et aux carottes 45
Rôti de porc aux champignons 46
Tarte aux endives et crème de jambon 48
Flammekueche rapide 49

PLATS AU POISSON ET AUX FRUITS DE MER

Papillotes de saumon aux tomates cerises et au gingembre 50
Bricks de sardines 53
Fish and chips 54
Colin à la sauce verte 56
Papillotes de lieu aux agrumes 57
Cassolette de moules au curry 58
Blanquette de saumon aux poireaux 61
Crevettes à la noix de coco 62
Papillotes de cabillaud, sauce aux noix de cajou 64

Sommaire
SUITE

PLATS VÉGÉTARIENS

Pizza blanche à la mozzarella et à la sauge 66
Galettes de lentilles et de pommes de terre aux échalotes 68
Tagliatelles au pesto de roquette et de noix 69
Gratin de poireaux 71
Tomates farcies au tofu 72
Tatin de légumes 75
Tarte au brocoli et au fromage de chèvre 76
Galettes de quinoa aux carottes et à la mimolette 78
Gratin de pommes de terre aux oignons rouges 79
Camembert rôti aux pommes 80
Frittata aux épinards et aux champignons 83

BROCOLI

NOISETTES

TOFU

POIRES

BLEU D'AUVERGNE

DESSERTS ET GOÛTERS

Cheesecakes au spéculoos et à la poire 84
Gâteau tendre au citron vert et aux amandes 87
Soupe de pêches au basilic 88
Mousse au chocolat express 89
Crumble aux pommes et aux framboises 90
Blanc-manger à la noix de coco 93
Ananas rôti au miel et à la vanille 94
Tarte aux pommes et à la cannelle 96
Tiramisu express 98
Cookies au chocolat 99
Fondants tièdes au chocolat et au gingembre 100

GOUSSES DE VANILLE

PÊCHE JAUNE

BOUDOIRS

CHOCOLAT NOIR

INTRODUCTION

Cuisinez malin, gourmand et pas cher à partir de trois ingrédients de base !

Votre porte-monnaie déborde rarement alors que vos papilles réclament la surprise (culinaire), des saveurs, bref, de la gourmandise ? Cet ouvrage est donc pour vous ! Le défi est de vous proposer des recettes à petit budget dont chaque portion ne vous coûtera pas plus de 5 euros.

Trouver au quotidien des idées de recettes rapides et goûteuses avec la contrainte d'avoir un petit budget n'est pas toujours facile. Si l'inspiration vous fait défaut, adoptez les 55 recettes d'entrées, plats, desserts et goûters proposés ici. Réalisables tout au long de l'année à partir d'ingrédients les plus simples – tomates, poireau, carottes, œufs, blancs de poulet, poissons bon marché, pâtes, fromage, chocolat, fruits... – elles sont inventives et savoureuses. Vous vous régalerez au quotidien et pourrez même bluffer vos amis !

Chacune de ces recettes ne demande que trois ingrédients principaux, complétés par les basiques du placard et du réfrigérateur, judicieusement choisis pour apporter de petites touches d'originalité. Leur préparation ne vous prendra pas plus d'un quart d'heure : rapidité et efficacité avant tout !

Essayez sans tarder les chips de légumes maison, la tarte fine aux oignons rouges, le potage de chou-fleur aux noisettes, le sauté de porc à l'ananas ou le délicieux cheesecake à la poire ! Souhaitons que cette cuisine s'inscrive durablement dans vos habitudes et vous inspire de nouvelles créations délicieuses mais pas onéreuses !

Ma petite épicerie **SALÉE ET SUCRÉE**

Voici des produits de base qui devraient toujours garnir votre petite épicerie à vous. Avec quelques ingrédients en plus, judicieusement choisis, vos plats ne manqueront jamais de panache tout en restant à la portée de chaque bourse.

FARINE

SEL ET POIVRE

BOUILLON DE VOLAILLE OU DE LÉGUMES

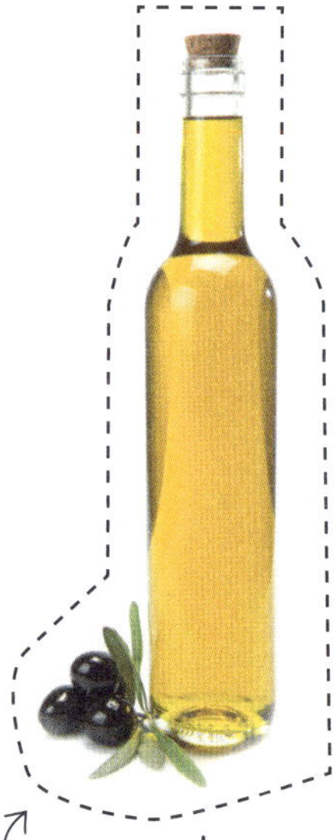

HUILE D'OLIVE, DE TOURNESOL, HUILE DE FRITURE

VINAIGRE BALSAMIQUE

SAUCE SOJA

MOUTARDE FINE ET À L'ANCIENNE

OLIVES NOIRES

ÉCHALOTES

OIGNONS

AIL

ROMARIN

LAURIER

THYM FRAIS OU SÉCHÉ

ÉPICES (PAPRIKA, CURRY EN POUDRE…)

FÉCULE DE MAÏS (MAÏZENA)

CHAPELURE

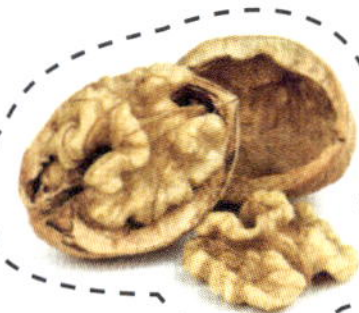
NOIX

PIGNONS DE PIN

CACAO EN POUDRE

MIEL

LEVURE CHIMIQUE

GÉLATINE
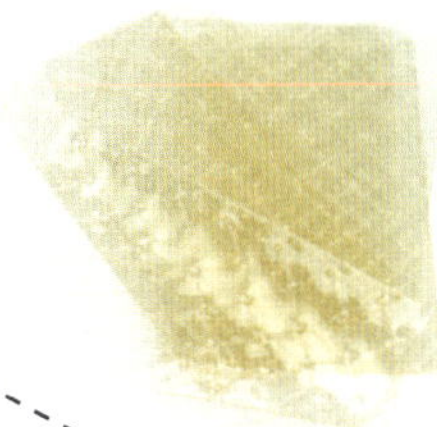

SUCRE EN POUDRE, SUCRE GLACE

SUCRE ROUX

VANILLE (EN GOUSSE OU EN POUDRE)
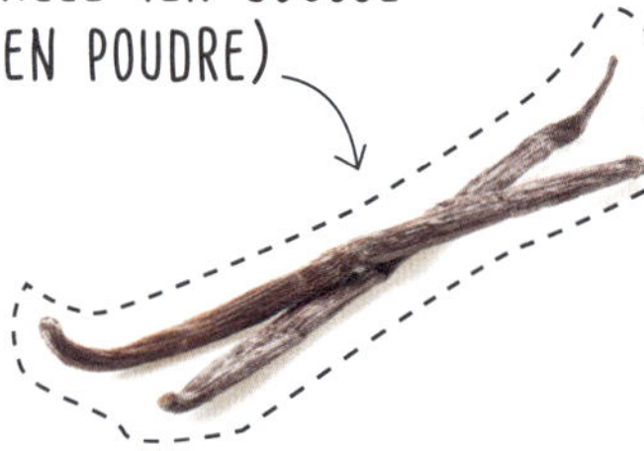

Les produits frais

ŒUFS

LAIT

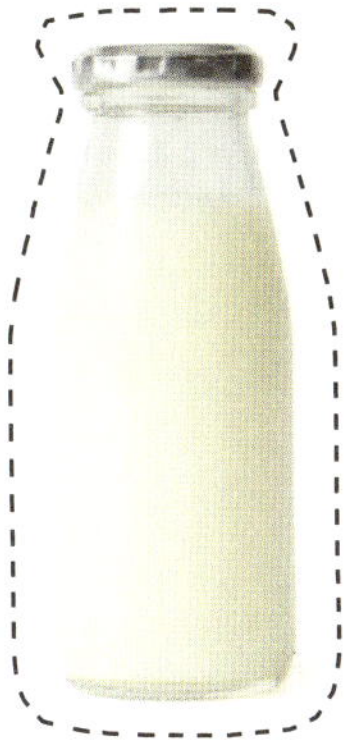

CRÈME FRAÎCHE
(ÉPAISSE OU LIQUIDE)

BEURRE

PARMESAN

CITRON JAUNE

CITRON VERT

ORANGES

Chips
DE LÉGUMES

1 PANAIS

1 NAVET

1 PATATE DOUCE

... ET AUSSI UN PEU DE

+ HUILE POUR FRITURE
+ SEL

C'EST PARTI !

1 Faites chauffer l'huile de friture (vous pouvez utiliser une friteuse).

2 Lavez et épluchez les légumes. Taillez-les en rondelles à la mandoline.

3 À l'aide d'une écumoire, plongez-les dans l'huile bien chaude et faites-les cuire pendant 3 minutes.

4 Déposez les chips sur du papier absorbant et salez-les. Laissez-les refroidir avant de les servir.

CONSEIL

Vous pouvez aussi faire des chips de betterave. Elles demandent quelques secondes de plus de cuisson.

Temps de préparation : 00:10 *Mode de cuisson :* SANS CUISSON 00:03

6

Houmous
AU CONCOMBRE

150 G DE CONCOMBRE

280 G DE POIS CHICHES EN CONSERVE

2 CUILL. À CAFÉ DE PÂTE DE SÉSAME

... ET AUSSI UN PEU DE

+ GOUSSE D'AIL (½)
+ JUS DE CITRON (½)
+ HUILE D'OLIVE (1 CUILL. À CAFÉ)
+ SEL ET POIVRE

C'EST PARTI !

1 Égouttez les pois chiches. Lavez et épluchez le concombre, puis coupez-le en gros morceaux. Pelez l'ail.

2 Dans un blender, mixez les pois chiches, le concombre et la pâte de sésame avec le jus de citron. Ajoutez l'ail et l'huile d'olive, puis mixez de nouveau. Salez et poivrez.

3 Servez le houmous frais.

CONSEIL

Vous pouvez saupoudrer le houmous de cumin et servir avec des gressins.

Temps de préparation : 00:10 Mode de cuisson : SANS CUISSON 00:00

Temps de préparation : 00:10 Mode de cuisson : SANS CUISSON 00:00

Rillettes de thon
AUX TOMATES SÉCHÉES

8 TOMATES SÉCHÉES À L'HUILE

190 G DE THON AU NATUREL

150 G DE FROMAGE FRAIS

… ET AUSSI UN PEU DE

+ ÉCHALOTE (1)
+ SEL ET POIVRE

C'EST PARTI !

1 Égouttez le thon et les tomates séchées. Coupez les tomates en morceaux. Pelez l'échalote.

2 Placez tous les ingrédients dans un blender et mixez jusqu'à obtenir un mélange onctueux. Salez et poivrez.

3 Servez avec un bon pain de campagne.

CONSEIL

Salez peu, car le fromage frais et les tomates séchées contiennent déjà beaucoup de sel.

Mille-feuille de mozzarella ET DE PÊCHES

4 PÊCHES OU NECTARINES BIEN MÛRES

300 G DE MOZZARELLA

8 TOMATES CERISES

... ET AUSSI UN PEU DE

- FARINE (3 CUILL. À CAFÉ)
- CHAPELURE (50 G)
- ŒUF (1)
- HUILE D'OLIVE
- VINAIGRE BALSAMIQUE
- SEL ET POIVRE

C'EST PARTI !

1 Lavez les pêches et enlevez le noyau. Coupez-les ainsi que la mozzarella en fines tranches.

2 Dans un grand bol, mélangez la farine et la chapelure. Dans un autre bol, battez l'œuf avec du sel et du poivre.

3 Faites chauffer une poêle avec un filet d'huile d'olive. Plongez les tranches de mozzarella dans l'œuf battu, puis dans le mélange farine-chapelure. Posez-les délicatement dans la poêle chaude et faites-les dorer 1 minute de chaque côté.

4 Présentez la mozzarella panée et les tranches de fruit dans un plat avec les tomates cerises coupées en deux. Arrosez d'un filet d'huile d'olive et de vinaigre. Servez aussitôt.

CONSEIL

Décorez avec quelques feuilles de basilic.

Temps de préparation : 00:15 Mode de cuisson : SANS CUISSON 00:05

4

Potage de carottes au lait de coco ET AU GINGEMBRE

1 KG DE CAROTTES

20 CL DE LAIT DE COCO

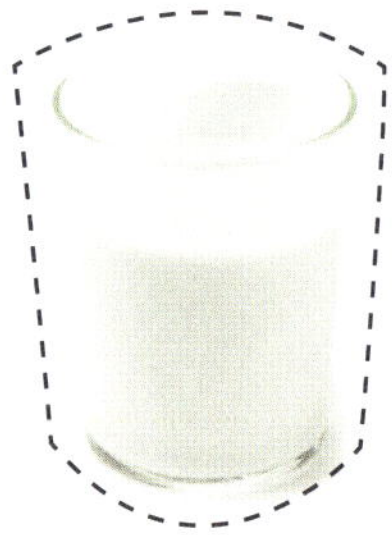

1 CUILL. À CAFÉ BOMBÉE DE GINGEMBRE FRAIS RÂPÉ

… ET AUSSI UN PEU DE

- + OIGNON (1)
- + HUILE D'OLIVE (2 CUILL. À CAFÉ)
- + BOUILLON DE VOLAILLE (1 CUBE)
- + SEL ET POIVRE

C'EST PARTI !

1 Lavez et épluchez les carottes, puis coupez-les en gros morceaux. Pelez et émincez l'oignon.

2 Dans une grande casserole, faites revenir l'oignon dans l'huile d'olive chaude avec le gingembre et 1 cuillerée à soupe d'eau.

3 Ajoutez les carottes, recouvrez d'eau et faites cuire pendant 15 à 20 minutes. À mi-cuisson, ajoutez le cube de bouillon et remuez.

4 Mixez les carottes avec le liquide de cuisson. Versez le lait de coco dans le potage, remuez, salez et poivrez. Servez aussitôt.

CONSEIL

Parfumez le potage en ajoutant dans le blender quelques feuilles de coriandre.

Temps de préparation : 00:10

Mode de cuisson : SANS CUISSON 00:20

6

00:15

Mode de cuisson

01:00

Cake au fenouil, lardons ET FROMAGE

1 FENOUIL

100 G DE LARDONS FUMÉS

80 G D'EMMENTAL RÂPÉ

... ET AUSSI UN PEU DE

+ ÉCHALOTE (1)
+ ŒUFS (3)
+ FARINE (150 G)
+ LEVURE CHIMIQUE (1 SACHET)
+ HUILE D'OLIVE (10 CL)
+ SEL ET POIVRE

CONSEILS

Pour un cake encore plus savoureux, versez du vin blanc sur le fenouil à la place de l'eau. Vous pouvez accompagner ce cake d'une sauce au fromage blanc et aux herbes.

C'EST PARTI !

1 Préchauffez le four à 180 °C (th. 6). Beurrez et farinez un moule à cake de 18 cm de long.

2 Coupez le fenouil finement, pelez et émincez l'échalote.

3 Dans une poêle, faites suer les lardons, retirez le gras, puis ajoutez le fenouil et l'échalote. Couvrez avec 10 cl d'eau et laissez mijoter 15 minutes, jusqu'à ce que le fenouil soit tendre. Salez et poivrez.

4 Dans un saladier, battez les œufs en omelette et ajoutez la farine, la levure et l'huile d'olive, du sel et du poivre. Incorporez le fenouil et les lardons, puis l'emmental et mélangez.

5 Versez la préparation dans le moule, puis enfournez pour 40 à 45 minutes. Servez froid.

Tarte fine AUX OIGNONS ROUGES

800 G D'OIGNONS ROUGES

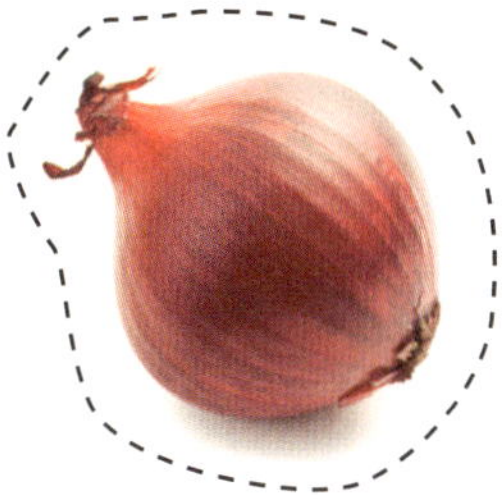

1 PÂTE FEUILLETÉE

40 G DE PARMESAN RÂPÉ

6

00:20

Mode de cuisson

00:40

... ET AUSSI UN PEU DE

- HUILE D'OLIVE (1 CUILL. À CAFÉ)
- BEURRE DEMI-SEL (1 CUILL. À CAFÉ)
- SUCRE ROUX (2 CUILL. À CAFÉ)
- LAURIER (1 FEUILLE)
- THYM (1 BRANCHE)
- SEL ET POIVRE

C'EST PARTI !

1 Préchauffez le four à 200 °C (th. 6-7).

2 Pelez et émincez finement les oignons. Faites-les suer 5 minutes dans une poêle avec l'huile d'olive et le beurre.

3 Ajoutez le sucre roux et le laurier, puis faites compoter pendant 15 à 20 minutes. Si besoin, versez un peu d'eau. Ajoutez le thym, salez et poivrez.

4 Déroulez la pâte feuilletée et garnissez-en un moule à tarte de 24 cm de diamètre. Piquez le fond à l'aide d'une fourchette.

5 Retirez le laurier et le thym, puis recouvrez la pâte de compotée d'oignons et parsemez de parmesan. Enfournez pour 15 à 20 minutes. Servez chaud.

Temps de préparation : 00:10 Mode de cuisson : SANS CUISSON 00:15

Mini-muffins AU POTIRON

20 G DE PARMESAN RÂPÉ

1 ŒUF

90 G DE PURÉE DE POTIRON

... ET AUSSI UN PEU DE

+ HUILE DE TOURNESOL (5 CL)
+ FARINE (30 G)
+ LEVURE CHIMIQUE (1 SACHET)
+ FÉCULE DE MAÏS (30 G)
+ OIGNON ÉMINCÉ FINEMENT (30 G)
+ SEL ET POIVRE

C'EST PARTI !

1 Préchauffez le four à 180 °C (th. 6).

2 À l'aide d'un fouet, mélangez l'œuf, l'huile et la purée de potiron.

3 Ajoutez la farine tamisée avec la levure, la fécule, l'oignon et le parmesan. Salez et poivrez.

4 Remplissez des moules à mini-muffins aux trois quarts avec la préparation (soit 1 cuillerée à café bombée par moule). Enfournez pour 15 minutes environ.

5 Dégustez les muffins chauds ou froids.

POUR VARIER

Parfumez la pâte des muffins avec 1 pincée de graines de cumin. Vous pouvez remplacer la purée de potiron par une purée de carottes.

4

Œufs cocotte au poivron
ET À LA CIBOULETTE

4 ŒUFS

1 POIVRON ROUGE

1 BOTTE DE CIBOULETTE

… ET AUSSI UN PEU DE

+ CRÈME FRAÎCHE (4 CUILL. À CAFÉ)
+ MOUTARDE À L'ANCIENNE (4 CUILL. À CAFÉ)
+ SEL ET POIVRE

C'EST PARTI !

1 Préchauffez le four à 180 °C (th. 6) et beurrez quatre ramequins.

2 Lavez le poivron, coupez-le en deux et retirez les graines. Recoupez-le en fines lanières et plongez celles-ci dans une casserole d'eau bouillante pendant 5 minutes, puis égouttez-les.

3 Cassez 1 œuf par ramequin et ajoutez dans chacun 1 cuillerée à café de crème fraîche, 1 cuillerée à café de moutarde à l'ancienne et quelques lanières de poivron.

4 Ciselez la ciboulette et parsemez-en les œufs. Enfournez pour 10 minutes environ. Servez chaud.

Temps de préparation : 00:15 *Mode de cuisson :* SANS CUISSON 00:15

Velouté de pommes de terre AUX PETITS POIS

3 GROSSES POMMES DE TERRE À CHAIR FONDANTE

300 G DE PETITS POIS SURGELÉS

4 OU 5 FEUILLES DE MENTHE

… ET AUSSI UN PEU DE

- \+ BOUILLON DE LÉGUMES (1 CUBE)
- \+ GOUSSE D'AIL (1)
- \+ CRÈME FRAÎCHE (20 CL)
- \+ SEL ET POIVRE

C'EST PARTI !

1 Lavez et épluchez les pommes de terre. Coupez-les en gros morceaux. Rincez les petits pois.

2 Dans une casserole, faites cuire les pommes de terre dans 1 l d'eau bouillante avec le cube de bouillon et l'ail pendant 15 à 20 minutes. Ajoutez les petits pois 10 minutes avant la fin de la cuisson.

3 Dans un blender, mixez les légumes et l'ail avec la menthe. Ajoutez la crème fraîche au velouté, salez et poivrez.

4 Réchauffez si besoin et servez aussitôt.

CONSEIL

Décorez avec quelques feuilles de menthe avant de servir.

Gaspacho COURGETTE-CONCOMBRE

2 CONCOMBRES

3 COURGETTES

200 G DE FROMAGE BLANC

... ET AUSSI UN PEU DE

+ GOUSSE D'AIL (1)
+ PAPRIKA (2 PINCÉES)
+ HUILE D'OLIVE
+ SEL ET POIVRE

CONSEIL

Pour la décoration, vous pouvez couper quelques cubes de concombre à ajouter au dernier moment.

C'EST PARTI !

1 Lavez et épluchez les légumes, puis retirez les pépins. Coupez-les en gros morceaux.

2 Faites cuire les courgettes dans de l'eau bouillante avec l'ail pendant 15 minutes. Laissez refroidir.

3 Dans un blender, mixez les courgettes, l'ail et les concombres avec le fromage blanc. Salez et poivrez.

4 Saupoudrez de paprika et arrosez d'un filet d'huile d'olive avant de servir.

4

00:10

Mode de cuisson

00:15

Temps de préparation : 00:15 *Mode de cuisson :* SANS CUISSON 00:25

Potage de chou-fleur AUX NOISETTES

2 CUBES DE BOUILLON DE LÉGUMES

1 CHOU-FLEUR

85 G DE NOISETTES

… ET AUSSI UN PEU DE

+ OIGNON (1)
+ HUILE D'OLIVE (2 CUILL. À CAFÉ)
+ BEURRE DEMI-SEL (1 CUILL. À CAFÉ)
+ CRÈME LIQUIDE (4 CUILL. À SOUPE)
+ SEL ET POIVRE

C'EST PARTI !

1 Coupez le chou-fleur en morceaux et faites-le cuire à la vapeur pendant 15 minutes. Réservez le liquide.

2 Pelez et émincez l'oignon. Dans une poêle, faites-le revenir dans l'huile d'olive chaude.

3 Dans une casserole, mettez l'oignon, le chou-fleur et recouvrez avec le liquide de cuisson. Laissez cuire 10 minutes. À mi-cuisson, incorporez les cubes de bouillon.

4 Concassez les noisettes et faites-les griller dans une poêle à feu doux avec le beurre.

5 Dans un blender, mixez le chou-fleur avec le bouillon et les noisettes, puis ajoutez la crème liquide. Salez, poivrez et servez sans attendre.

CONSEIL

Gardez un peu de noisettes concassées grillées pour décorer le potage.

Sauté de porc
À L'ANANAS

1 BOÎTE D'ANANAS EN CONSERVE (500 G ENVIRON)

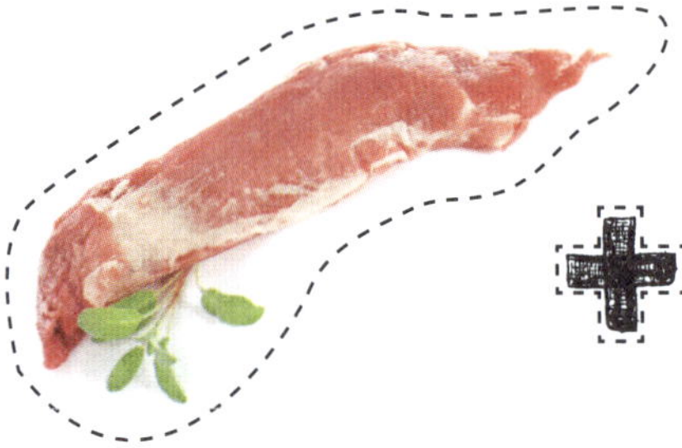

500 G DE FILET DE PORC

1 POIVRON ROUGE

... ET AUSSI UN PEU DE

+ OIGNON (1 GROS)
+ GOUSSE D'AIL (1)
+ JUS DE CITRON VERT (1)
+ BEURRE (50 G)
+ SEL ET POIVRE

C'EST PARTI !

1 Coupez la viande en cubes de 2 cm de côté. Lavez le poivron, retirez-en les graines et coupez-le en fines lanières. Pelez et émincez l'oignon et l'ail.

2 Égouttez l'ananas et conservez le sirop.

3 Faites chauffer une poêle avec le beurre. Saisissez-y la viande et faites-la dorer pendant 2 minutes. Retirez-la.

4 Dans la même poêle, faites dorer l'oignon, l'ail et le poivron pendant 10 minutes, en remuant de temps en temps.

5 Remettez la viande, puis ajoutez l'ananas. Versez les jus de citron vert et d'ananas. Salez et poivrez. Couvrez et laissez cuire 15 minutes, en remuant de temps en temps, jusqu'à ce que le jus s'évapore. Servez aussitôt.

Temps de préparation : 00:15

Mode de cuisson : SANS CUISSON 00:25

Pâtes à la crème DE CHORIZO

50 G DE CHORIZO

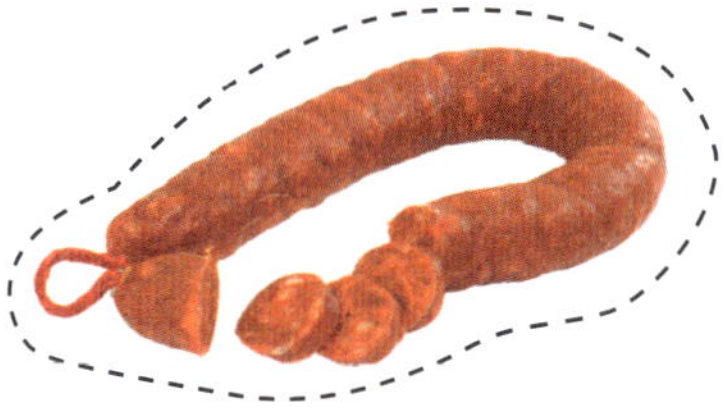

1 TOMATE

500 G DE PÂTES FRAÎCHES (TAGLIATELLES, SPAGHETTIS...)

... ET AUSSI UN PEU DE

+ OIGNON (1)
+ HUILE D'OLIVE (2 CUILL. À SOUPE)
+ CRÈME LIQUIDE (25 CL)
+ GROS SEL, SEL ET POIVRE

C'EST PARTI !

1 Portez à ébullition une grande casserole d'eau avec 1 pincée de gros sel et faites cuire les pâtes al dente selon les indications de l'emballage.

2 Pendant ce temps, retirez la peau du chorizo et coupez-le en tranches. Coupez la tomate en gros morceaux, pelez et émincez l'oignon.

3 Dans une poêle, faites revenir l'oignon dans l'huile d'olive chaude jusqu'à ce qu'il soit translucide. Ajoutez la tomate, puis le chorizo. Versez la crème liquide et faites cuire 2 minutes en remuant.

4 Mixez l'ensemble dans un blender, jusqu'à obtenir une sauce crémeuse. Salez et poivrez.

5 Égouttez les pâtes et répartissez-les encore chaudes dans des assiettes. Nappez de crème au chorizo et servez sans attendre.

CONSEILS

Gardez quelques tranches de chorizo pour la décoration. Vous pouvez servir les pâtes avec une salade de jeunes pousses assaisonnée d'huile d'olive et de vinaigre balsamique.

Croque-monsieur
AUX ÉPINARDS ET AU SPECK

8 TRANCHES DE PAIN DE MIE COMPLET OU AUX CÉRÉALES

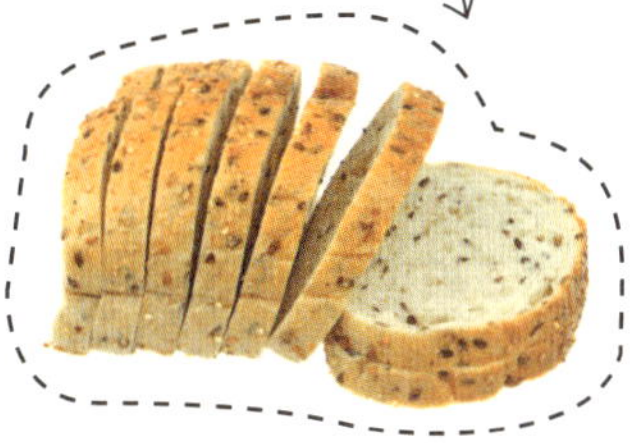

300 G DE POUSSES D'ÉPINARDS

4 TRANCHES DE SPECK

... ET AUSSI UN PEU DE

+ MOUTARDE (2 CUILL. À CAFÉ)
+ CRÈME FRAÎCHE (1 CUILL. À CAFÉ)
+ HUILE D'OLIVE
+ BEURRE (20 G)
+ SEL ET POIVRE

C'EST PARTI !

1 Lavez les épinards et coupez-les grossièrement. Mélangez la moutarde à la crème fraîche, salez et poivrez. Ajoutez les épinards et remuez.

2 Versez un filet d'huile d'olive sur toutes les tranches de pain. Répartissez la préparation aux épinards sur la moitié des tranches et déposez 1 tranche de speck par-dessus. Refermez les croque-monsieur (face huilée à l'intérieur). Beurrez le pain des deux côtés.

3 Si vous disposez d'un appareil à croque-monsieur, faites-les dorer chacun 3 ou 4 minutes. Sinon, enfournez pour 15 minutes dans le four préchauffé à 180 °C (th. 6). Servez chaud.

POUR VARIER

Vous pouvez aussi ajouter aux épinards 15 tomates cerises coupées en deux. Et pour un repas végétarien, remplacez le speck par de l'avocat.

4

00:10

Mode de cuisson

00:15

Mignonnettes de porc, SAUCE POIRE ET BLEU

600 G DE FILET MIGNON DE PORC

+

80 G DE BLEU D'AUVERGNE

+

3 POIRES

... ET AUSSI UN PEU DE

- OIGNON (1)
- CRÈME FRAÎCHE (20 CL)
- NOIX DE MUSCADE RÂPÉE (1 PINCÉE)
- HUILE D'OLIVE (2 CUILL. À SOUPE)
- SEL ET POIVRE

C'EST PARTI !

1 Coupez le filet mignon en tranches épaisses (mignonnettes). Pelez et émincez l'oignon finement.

2 Faites chauffer la crème fraîche à feu doux et ajoutez le bleu écrasé à la fourchette. Faites cuire pendant 10 minutes en remuant. Ajoutez la noix de muscade, salez et poivrez.

3 Faites chauffer l'huile d'olive dans une petite cocotte et faites-y dorer les mignonnettes avec les oignons pendant 5 minutes. Déglacez avec un peu d'eau. Retirez la viande.

4 Coupez les poires en quatre et retirez la peau et le cœur.

5 Versez la crème au bleu dans la cocotte avec le jus de cuisson et les oignons, et faites-la chauffer 2 minutes. Ajoutez la viande et les poires, et faites chauffer 2 minutes avant de servir.

POUR VARIER

Vous pouvez remplacer les poires par des endives braisées.

Temps de préparation : 00:15

Mode de cuisson : SANS CUISSON 00:17

Poulet au miel
ET À LA MOUTARDE

4 CUILL. À CAFÉ DE MOUTARDE À L'ANCIENNE

6 MORCEAUX DE POULET

+

+

4 CUILL. À CAFÉ DE MIEL

… ET AUSSI UN PEU DE

- + GOUSSES D'AIL (2)
- + HUILE D'OLIVE (1 CUILL. À CAFÉ)
- + ROMARIN (3 BRANCHES)
- + SEL ET POIVRE

C'EST PARTI !

1 Préchauffez le four à 180 °C (th. 6).

2 Pelez et écrasez l'ail en purée.

3 Faites chauffer une poêle avec l'huile d'olive. À l'aide d'un pinceau de cuisine, badigeonnez grossièrement les morceaux de poulet avec 1 cuillerée à café de moutarde, salez et poivrez. Faites dorer chaque côté dans la poêle bien chaude pendant 5 minutes. Ôtez du feu et réservez le poulet dans un plat allant au four.

4 Dans un bol, mélangez le reste de moutarde avec le miel et l'ail, et recouvrez-en généreusement la viande. Ajoutez dans le plat les branches de romarin et enfournez pour 40 minutes. Vérifiez la cuisson régulièrement. Servez bien chaud.

CONSEIL

Selon votre appétit ou vos préférences, choisissez des cuisses, des ailes ou des pilons de poulet.
Si vous faites attention à votre ligne, retirez la peau du poulet et ne le faites pas dorer à la poêle.

Temps de préparation : 00:15

Mode de cuisson : SANS CUISSON 00:45

Émincé de poulet À LA SAUGE

1 BOUQUET DE SAUGE

6 BLANCS DE POULET

50 CL DE CRÈME FRAÎCHE ÉPAISSE

… ET AUSSI UN PEU DE

+ GOUSSES D'AIL (3)
+ HUILE D'OLIVE (3 CUILL. À SOUPE)
+ BEURRE (25 G)
+ SEL ET POIVRE

C'EST PARTI !

1 Pelez l'ail. Coupez les blancs de poulet en lamelles.

2 Faites chauffer l'huile d'olive et le beurre dans une poêle à feu moyen, puis ajoutez l'ail et laissez cuire 1 minute.

3 Ajoutez les lamelles de poulet et faites-les revenir pendant 5 minutes. À mi-cuisson, versez 10 cl d'eau.

4 Effeuillez la sauge. Dans un grand bol, mélangez la sauge et la crème liquide. Mixez l'ensemble dans un blender, salez et poivrez.

5 Versez cette sauce dans la poêle, mélangez avec la viande et faites chauffer à feu doux pendant 5 minutes. Servez aussitôt.

CONSEIL

Dégustez ce plat avec du riz blanc.

Temps de préparation : 00:10

Mode de cuisson : SANS CUISSON 00:10

Flans de petits pois AUX LARDONS

80 G DE FROMAGE DE CHÈVRE FRAIS

+

+

200 G DE PETITS POIS SURGELÉS

150 G DE LARDONS FUMÉS

… ET AUSSI UN PEU DE

+ ŒUFS (2)
+ CRÈME LIQUIDE (20 CL)
+ FÉCULE DE MAÏS (1 CUILL. À CAFÉ)
+ LAIT (5 CUILL. À CAFÉ)
+ HUILE D'OLIVE
+ SEL ET POIVRE

C'EST PARTI !

1 Préchauffez le four à 180 °C (th. 6).

2 Faites cuire les petits pois à l'eau bouillante pendant 5 à 10 minutes. Égouttez-les et laissez-les refroidir.

3 Pendant ce temps, battez les œufs avec la crème liquide. Délayez la fécule dans le lait et ajoutez-la à la préparation. Incorporez le fromage coupé en petits morceaux et ajoutez les petits pois. Mixez l'ensemble dans un blender, salez et poivrez.

4 Beurrez quatre ramequins, remplissez-les de crème et enfournez pour 20 à 25 minutes.

5 Avant de servir, faites revenir les lardons dans une poêle avec un peu d'huile d'olive et déposez-les sur les flans.

POUR VARIER

Vous pouvez ciseler quelques brins de ciboulette et l'ajouter sur les flans avant la cuisson.

Boulettes de poulet
À LA CORIANDRE

1 GROSSE POMME DE TERRE

4 BLANCS DE POULET

1 POIGNÉE DE FEUILLES DE CORIANDRE

15

00:15

Mode de cuisson

00:15

… ET AUSSI UN PEU DE

+ OIGNON ROUGE (1)
+ GOUSSE D'AIL (1)
+ JUS DE CITRON (2 CUILL. À CAFÉ)
+ ŒUF (1)
+ CHAPELURE (50 G)
+ HUILE D'OLIVE (2 CUILL. À SOUPE)

C'EST PARTI !

1 Épluchez la pomme de terre, coupez-la en cubes et faites-la cuire 10 minutes à l'eau bouillante, puis réduisez-la en purée.

2 Coupez le poulet en petits morceaux, pelez l'oignon rouge et émincez-le, épluchez l'ail. Dans un blender, mixez ces ingrédients avec la purée de pomme de terre, la coriandre, le jus de citron et l'œuf.

3 Avec la préparation, façonnez des boulettes de taille moyenne entre vos mains, puis roulez-les dans la chapelure.

4 Dans une grande poêle, versez l'huile d'olive et faites dorer les boulettes pendant 5 minutes. Servez aussitôt.

CONSEIL

Vous pouvez servir les boulettes avec des chips de légumes (voir recette p. 14) et une sauce au fromage blanc et aux oignons rouges.

Temps de préparation : 00:15 Mode de cuisson : SANS CUISSON 00:12

Wok de bœuf au brocoli ET AUX CAROTTES

… ET AUSSI UN PEU DE

- + OIGNON (1)
- + HUILE D'OLIVE (2 CUILL. À CAFÉ)
- + JUS D'ORANGE (1)
- + SAUCE SOJA (2 CUILL. À CAFÉ)
- + MIEL (15 G)
- + SEL ET POIVRE

C'EST PARTI !

1 Détaillez la viande en lamelles. Pelez l'oignon et émincez-le finement.

2 Faites chauffer l'huile d'olive dans un wok. Saisissez la viande 1 minute, puis retirez-la. Faites ensuite dorer l'oignon, en remuant de temps en temps.

3 Séparez les bouquets de brocoli, épluchez les carottes et coupez-les en bâtonnets. Ajoutez les légumes dans le wok avec un peu d'eau. Couvrez et faites cuire 5 minutes en remuant de temps en temps.

4 Mélangez le jus de l'orange, la sauce soja et le miel.

5 Lorsque les légumes sont cuits mais encore croquants, ajoutez la sauce et remettez la viande. Salez, poivrez et servez sans attendre.

POUR VARIER

Vous pouvez remplacer la viande par du tofu.

Rôti de porc AUX CHAMPIGNONS

15 CHAMPIGNONS DE PARIS

700 G DE FILET DE PORC

10 CL DE VIN BLANC

… ET AUSSI UN PEU DE

+ ROMARIN (4 OU 5 BRANCHES)
+ JUS DE CITRON (2)
+ MIEL (3 CUILL. À CAFÉ)
+ GOUSSE D'AIL (1)
+ HUILE D'OLIVE (2 CUILL. À CAFÉ)
+ SEL ET POIVRE

MARINADE : 01:00

CONSEIL

Vous pouvez laisser l'écorce des citrons dans le plat pendant la cuisson pour plus de goût.

C'EST PARTI !

1 Salez et poivrez le rôti. Glissez les branches de romarin sous la ficelle autour de la viande.

2 Préparez la marinade avec le vin blanc, le jus de citron, le miel, l'ail écrasé et l'huile d'olive. Badigeonnez le rôti à l'aide d'un pinceau de cuisine et placez-le dans un plat avec la marinade. Laissez mariner 1 heure au frais.

3 Préchauffez le four à 230 °C (th. 7-8).

4 Sortez le plat du réfrigérateur et saisissez le rôti 15 minutes au four. Baissez la température à 180 °C (th. 6) et laissez cuire encore 45 minutes.

5 Nettoyez et coupez les champignons en quatre. À mi-cuisson, retournez la viande et ajoutez les champignons dans le plat. Servez dès la sortie du four.

Temps de préparation : 00:10 *Mode de cuisson :* SANS CUISSON 01:00

6

00:10

Mode de cuisson

00:40

Tarte aux endives
ET CRÈME DE JAMBON

1 PÂTE FEUILLETÉE

5 ENDIVES

2 TRANCHES DE JAMBON BLANC

… ET AUSSI UN PEU DE

+ BEURRE (50 G)
+ SUCRE ROUX (2 CUILL. À CAFÉ)
+ ŒUFS (4)
+ CRÈME LIQUIDE (40 CL)
+ SEL ET POIVRE

C'EST PARTI !

1 Préchauffez le four à 180 °C (th. 6).

2 Déroulez la pâte feuilletée et garnissez-en un moule à tarte de 24 cm de diamètre.

3 Coupez les endives en quatre dans le sens de la longueur et faites-les caraméliser dans une poêle avec le beurre et le sucre roux pendant 5 minutes. Recouvrez à peine d'eau et faites cuire 15 minutes. Égouttez et laissez refroidir.

4 Mixez le jambon en purée dans un blender. Dans un grand bol, fouettez les œufs avec la crème liquide. Ajoutez le jambon, salez et poivrez.

5 Disposez les endives en rosace sur la pâte et versez par-dessus la crème de jambon. Enfournez pour 20 minutes. Servez aussitôt.

Flammekueche RAPIDE

150 G DE FROMAGE BLANC

75 G DE LARDONS

1 PÂTE FEUILLETÉE

… ET AUSSI UN PEU DE

+ OIGNONS (1 KG)
+ CRÈME FRAÎCHE ÉPAISSE (10 CL)
+ ŒUF (1)
+ FARINE (1 CUILL. À CAFÉ)
+ HUILE D'OLIVE (2 CUILL. À SOUPE)
+ SEL ET POIVRE

CONSEILS

À la place de pâte feuilletée, vous pouvez vous procurer de la pâte à pain chez votre boulanger. Ajoutez un peu de roquette sur la flammekueche avant de servir.

C'EST PARTI !

1 Préchauffez le four à 200 °C (th. 6-7).

2 Épluchez les oignons et coupez-les en petites lamelles très fines. Faites-les cuire dans une poêle avec l'huile d'olive pendant 5 minutes, à feu doux, jusqu'à ce qu'ils soient translucides. Si besoin, ajoutez un peu d'eau.

3 Mélangez le fromage blanc et la crème fraîche à l'œuf, puis incorporez la farine tamisée.

4 Déroulez la pâte feuilletée sur une plaque de four recouverte de papier sulfurisé. Recouvrez la pâte du mélange crémeux. Ajoutez les oignons tièdes et enfin les lardons. Salez, poivrez et enfournez pour 8 à 10 minutes. Servez aussitôt.

6

00:05

Mode de cuisson

00:15

Papillotes de saumon aux tomates cerises ET AU GINGEMBRE

4 PAVÉS DE SAUMON

4 CM DE GINGEMBRE FRAIS

12 TOMATES CERISES

… ET AUSSI UN PEU DE

+ CITRONS VERTS (2)
+ JUS D'ORANGE (1)
+ HUILE D'OLIVE (4 CUILL. À CAFÉ)
+ SEL ET POIVRE

MARINADE : 00:15

CONSEIL

Dégustez les papillotes avec du riz basmati. Vous pouvez les parsemer de quelques feuilles de persil.

C'EST PARTI !

1 Préchauffez le four à 180 °C (th. 6).

2 Pelez et râpez le gingembre. Prélevez le zeste des citrons verts et pressez les fruits.

3 Dans un plat creux, mélangez les jus de citron vert et d'orange, le gingembre et l'huile d'olive. Laissez mariner les pavés de saumon dans cette sauce pendant 15 minutes.

4 Déposez les pavés sur de grands carrés de papier sulfurisé. Répartissez dessus la marinade. Coupez les tomates cerises en deux et déposez-les à côté du poisson. Salez, poivrez puis formez des papillotes et refermez-les. Enfournez pour 15 à 20 minutes.

5 Avant de servir, décorez les papillotes avec les zestes de citron vert.

Temps de préparation : 00:15

Mode de cuisson : SANS CUISSON 00:20

Temps de préparation : 00:10

Mode de cuisson : SANS CUISSON 00:04

Bricks
DE SARDINES

200 G DE CARRÉ FRAIS®

+

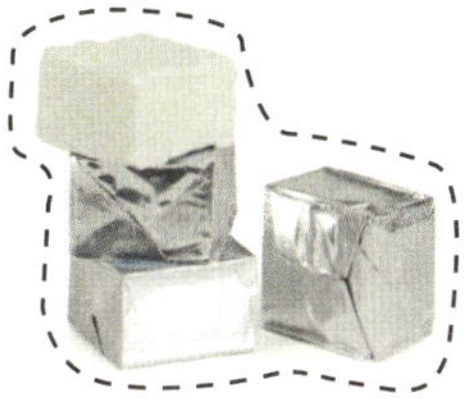

+

2 BOÎTES DE SARDINES À L'HUILE

8 FEUILLES DE BRICK

… ET AUSSI UN PEU DE

+ OLIVES NOIRES DÉNOYAUTÉES (10)
+ HUILE D'OLIVE (3 CUILL. À CAFÉ)
+ SEL ET POIVRE

C'EST PARTI !

1 Égouttez les sardines. À l'aide d'une fourchette, écrasez-les avec le fromage frais. Coupez les olives en morceaux. Ajoutez-les aux sardines. Salez et poivrez.

2 Placez un peu de préparation au centre de chaque feuille de brick et repliez les feuilles en carrés de 5 cm de côté.

3 Faites chauffer l'huile d'olive dans une grande poêle chaude, puis faites-y dorer les bricks 1 minute de chaque côté. Dégustez chaud.

CONSEILS

Servez les bricks avec une salade de roquette. Si vous disposez d'herbes fraîches (persil, ciboulette, coriandre), ajoutez-en quelques brins ciselés dans la farce.

Fish AND CHIPS

500 G DE CABILLAUD

+

+

4 PATATES DOUCES

100 G DE CHAPELURE

… ET AUSSI UN PEU DE

+ HUILE D'ARACHIDE
+ ŒUF (1)
+ FARINE (100 G)
+ SEL ET POIVRE

CONSEILS

Vous pouvez faire vous-même la chapelure avec des miettes de pain ou en râpant une baguette bien sèche. La sauce tartare accompagne très bien ce plat.

C'EST PARTI !

1 Préchauffez le four à 220 °C (th. 7-8). Lavez et épluchez les patates douces, puis coupez-les en fines frites. Déposez-les sur une plaque de four recouverte de papier sulfurisé, versez un filet d'huile d'arachide dessus et enfournez pour 15 minutes.

2 Pendant ce temps, battez l'œuf dans un bol et placez la farine et la chapelure dans deux autres bols.

3 Coupez le cabillaud en petits morceaux afin d'en faire des bouchées. Faites chauffer 20 cl d'huile d'arachide dans une grande poêle ou un wok.

4 Trempez les morceaux de poisson les uns après les autres dans l'œuf battu, dans la farine et enfin dans la chapelure. Glissez-les dans l'huile chaude en prenant soin de les retourner de temps en temps pour une cuisson et une panure homogènes. Faites cuire 2 minutes environ selon l'épaisseur des morceaux.

5 Salez et poivrez les frites et le poisson pané dès la fin de la cuisson et servez aussitôt.

Temps de préparation : 00:15

Mode de cuisson : SANS CUISSON 00:17

4

00:10

Mode de cuisson

00:05

Colin
À LA SAUCE VERTE

1 BOUQUET DE CORIANDRE

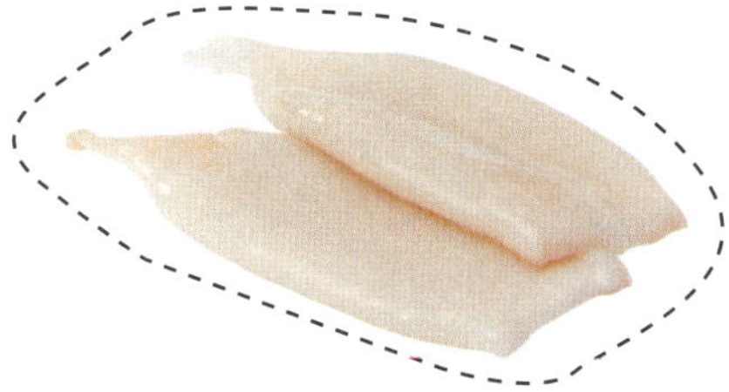

1 BOUQUET DE PERSIL

700 G DE COLIN

… ET AUSSI UN PEU DE

+ ÉCHALOTE (1)
+ GOUSSE D'AIL (1)
+ JUS DE CITRON (1)
+ HUILE D'OLIVE (3 OU 4 CUILL. À CAFÉ)
+ SEL ET POIVRE

C'EST PARTI !

1 Pelez l'échalote et l'ail, effeuillez le persil et la coriandre.

2 Dans un blender, mixez ces ingrédients avec le jus de citron. Salez et poivrez. Ajoutez l'huile d'olive au fur et à mesure selon votre goût.

3 Faites cuire le colin à la vapeur pendant 5 minutes environ selon l'épaisseur du filet.

4 Présentez le poisson à l'assiette en le nappant de sauce verte. Servez aussitôt.

CONSEIL

Vous pouvez accompagner ce plat avec du riz blanc.

Papillotes de lieu AUX AGRUMES

2 ORANGES

1 PAMPLEMOUSSE

4 FILETS DE LIEU

4

00:10

Mode de cuisson

00:15

... ET AUSSI UN PEU DE

+ MIEL (2 CUILL. À CAFÉ)
+ HUILE D'OLIVE (4 CUILL. À CAFÉ)
+ SEL ET POIVRE

C'EST PARTI !

1 Préchauffez le four à 180 °C (th. 6).

2 Pressez les agrumes et coupez les fruits en quartiers. Émulsionnez le jus avec le miel et l'huile d'olive, salez et poivrez.

3 Déposez les filets de poisson sur de grands carrés de papier sulfurisé. Répartissez dessus les agrumes et nappez de sauce au miel. Formez des papillotes et refermez-les.

4 Enfournez pour 10 à 15 minutes. Servez dès la sortie du four.

Cassolette de moules AU CURRY

15 CL DE VIN BLANC SEC

1,5 KG DE MOULES

2 CUILL. À CAFÉ DE CURRY EN POUDRE

… ET AUSSI UN PEU DE

+ ÉCHALOTE (1)
+ BEURRE (20 G)
+ 4-5 BRINS DE PERSIL (FACULTATIF)
+ CRÈME FRAÎCHE (50 CL)
+ SEL ET POIVRE

C'EST PARTI !

1 Nettoyez les moules, grattez-les et lavez-les.

2 Pelez et émincez finement l'échalote. Dans une grande cocotte, faites-la suer avec le beurre. Versez le vin blanc et les moules, puis ajoutez le persil. Faites chauffer les moules pendant 5 minutes, sans cesser de remuer, jusqu'à ce qu'elles s'ouvrent.

3 Retirez les moules de la cocotte à l'aide d'une écumoire et récupérez le jus de cuisson.

4 Dans une casserole, faites chauffer le jus et la crème fraîche sans faire bouillir. Ajoutez le curry, salez et poivrez. Versez cette sauce dans la cocotte. Servez sans attendre.

POUR VARIER

Vous pouvez mettre des lardons à la place du curry.

Temps de préparation : 00:15 Mode de cuisson : SANS CUISSON 00:10

Temps de préparation : 00:10 *Mode de cuisson :* SANS CUISSON 00:15

Blanquette de saumon AUX POIREAUX

800 G DE POIREAUX

800 G DE SAUMON

10 CL DE VIN BLANC

... ET AUSSI UN PEU DE

+ ÉCHALOTES (2)
+ BEURRE (20 G)
+ CRÈME LIQUIDE (30 CL)
+ JAUNE D'ŒUF (1)
+ SEL ET POIVRE

C'EST PARTI !

1 Lavez les poireaux et coupez-les en tronçons de 2 cm. Faites-les cuire à l'eau bouillante pendant 10 minutes. Égouttez-les.

2 Coupez le saumon en gros dés. Dans une autre casserole, faites-le cuire dans 75 cl d'eau avec le vin blanc et 1 pincée de sel pendant 3 minutes à feu doux. Égouttez-les.

3 Pelez et émincez les échalotes et faites-les revenir dans le beurre.

4 Délayez le jaune d'œuf dans 3 cuillerées à soupe de crème liquide. Ajoutez la crème restante dans la casserole puis, hors du feu, le jaune délayé. Mettez les poireaux dans cette préparation et mélangez délicatement. Salez et poivrez.

5 Présentez la sauce aux poireaux et le saumon dans le même plat.

CONSEIL

Vous pouvez réaliser cette recette avec toutes sortes de poissons et ajouter aussi des champignons de Paris.

Crevettes
À LA NOIX DE COCO

24 GROSSES CREVETTES

1 ŒUF

100 G DE NOIX DE COCO RÂPÉE

… ET AUSSI UN PEU DE

+ FARINE (100 G)
+ HUILE D'ARACHIDE (20 CL)
+ SEL ET POIVRE

C'EST PARTI !

1 Décortiquez les crevettes. Battez l'œuf dans un bol et placez la farine et la noix de coco dans deux autres bols.

2 Faites chauffer l'huile d'arachide dans une grande poêle ou un wok. Trempez les crevettes les unes après les autres dans l'œuf battu, puis dans la farine et enfin dans la noix de coco.

3 Glissez-les dans l'huile chaude en prenant soin de les retourner de temps en temps pour une cuisson et une panure homogènes. Faites-les cuire 2 minutes de chaque côté.

4 Salez et poivrez dès la fin de la cuisson et servez aussitôt.

CONSEIL

Vous pouvez présenter les crevettes sur des petites piques et les accompagner avec de la salade verte et des feuilles de menthe.

Temps de préparation : 00:15 Mode de cuisson : SANS CUISSON 00:04

4

Papillotes de cabillaud, SAUCE AUX NOIX DE CAJOU

1 BOUQUET DE BASILIC

90 G DE NOIX DE CAJOU NON SALÉES

4 FILETS DE CABILLAUD

… ET AUSSI UN PEU DE

+ GOUSSES D'AIL (2)
+ PARMESAN RÂPÉ (50 G)
+ HUILE D'OLIVE (3 OU 4 CUILL. À SOUPE)
+ JUS DE CITRON (1)
+ SEL ET POIVRE

C'EST PARTI !

1 Préchauffez le four à 180 °C (th. 6).

2 Dans une poêle, faites griller les noix de cajou à sec pendant 5 minutes. Pelez et émincez l'ail, effeuillez le basilic.

3 Mixez ces ingrédients avec le parmesan dans un blender. Salez et poivrez. Ajoutez l'huile d'olive au fur et à mesure selon votre goût.

4 Déposez les filets de poisson sur de grands carrés de papier sulfurisé et arrosez-les de jus de citron. Enfournez pour 5 minutes.

5 Déposez le poisson dans des assiettes et nappez-le de sauce aux noix de cajou. Servez aussitôt.

POUR VARIER

Vous pouvez varier les plaisirs avec les sauces, en mixant de la coriandre et des amandes ensemble, par exemple.

Temps de préparation : 00:10

Mode de cuisson : SANS CUISSON 00:10

Pizza blanche à la mozzarella ET À LA SAUGE

... ET AUSSI UN PEU DE

- GOUSSE D'AIL (1)
- PARMESAN RÂPÉ (50 G)
- PIGNONS (50 G)
- HUILE D'OLIVE
- CRÈME FRAÎCHE (4 CUILL. À CAFÉ)
- SEL ET POIVRE

C'EST PARTI !

1 Préchauffez le four à 210 °C (th. 7).

2 Pelez l'ail. Dans un blender, mixez-le avec le parmesan, les pignons, quelques feuilles de sauge et un filet d'huile d'olive.

3 Versez la préparation dans un bol et mélangez délicatement avec la crème fraîche. Salez et poivrez.

4 Détaillez la mozzarella en tranches.

5 Déroulez la pâte à pizza sur une plaque de four recouverte de papier sulfurisé. Recouvrez-la de la crème à la sauge, répartissez les tranches de mozzarella et parsemez de feuilles de sauge. Enfournez pour 5 à 8 minutes. Dégustez chaud.

Temps de préparation : 00:10 Mode de cuisson : SANS CUISSON 00:08

4

00:15

Mode de cuisson

00:25

Galettes de lentilles et de pommes de terre AUX ÉCHALOTES

3 POMMES DE TERRE

200 G DE LENTILLES CORAIL

2 ÉCHALOTES

… ET AUSSI UN PEU DE

+ ŒUF (1)
+ PAPRIKA (2 CUILL. À CAFÉ)
+ CURRY (1 CUILL. À CAFÉ)
+ FÉCULE DE MAÏS (2 CUILL. À CAFÉ)
+ HUILE D'OLIVE (2 CUILL. À SOUPE)
+ SEL ET POIVRE

CONSEIL

Vous pouvez ajouter quelques brins de persil ciselé au mélange de lentilles et de pommes de terre.

C'EST PARTI !

1 Épluchez les pommes de terre et faites-les cuire avec les lentilles dans une grande casserole d'eau bouillante salée pendant 15 minutes. Mixez ensuite les lentilles avec les pommes de terre dans un blender.

2 Pelez et émincez les échalotes. Incorporez-les délicatement au mélange mixé. Fouettez l'œuf avec le paprika, le curry et la fécule, puis mélangez avec la préparation précédente. Salez et poivrez.

3 Façonnez une dizaine de petites galettes plates entre vos mains.

4 Dans une poêle, faites chauffer l'huile d'olive, puis faites bien dorer les galettes pendant 2 minutes de chaque côté. Servez aussitôt.

Tagliatelles au pesto de roquette **ET DE NOIX**

100 G DE ROQUETTE

500 G DE TAGLIATELLES FRAÎCHES

50 G DE CERNEAUX DE NOIX

... ET AUSSI UN PEU DE

+ GOUSSE D'AIL (1)
+ PARMESAN RÂPÉ (60 G)
+ HUILE D'OLIVE (3 CUILL. À SOUPE)
+ GROS SEL, SEL FIN ET POIVRE

C'EST PARTI !

1 Portez à ébullition une grande casserole d'eau avec 1 pincée de gros sel et faites cuire les pâtes al dente selon les indications de l'emballage.

2 Pendant ce temps, pelez l'ail. Dans un blender, mixez-le avec le parmesan, la roquette et les noix jusqu'à obtenir une sauce crémeuse. Ajoutez l'huile d'olive, salez et poivrez.

3 Égouttez les pâtes et répartissez-les encore chaudes dans des assiettes. Nappez de pesto et servez sans attendre.

CONSEIL

Utilisez de la roquette et des cerneaux de noix supplémentaires pour la décoration.

4

00:05

Mode de cuisson

00:05

Temps de préparation : 00:15 *Mode de cuisson :* SANS CUISSON 00:30

Gratin
DE POIREAUX

1 KG DE POIREAUX

70 G D'EMMENTAL RÂPÉ

1 PINCÉE DE NOIX DE MUSCADE RÂPÉE

... ET AUSSI UN PEU DE

+ BEURRE (40 G)
+ FARINE (30 G)
+ LAIT (40 CL)
+ SEL ET POIVRE

C'EST PARTI !

1 Préchauffez le four à 180 °C (th. 6) et beurrez un plat à gratin.

2 Faites fondre le beurre dans une casserole. Ajoutez la farine en pluie et remuez sur le feu. Portez le lait à ébullition et versez-le dans la casserole sans cesser de fouetter. Ajoutez la noix de muscade, salez et poivrez. Réservez cette béchamel.

3 Fendez les poireaux en deux dans le sens de la longueur. Lavez-les et retirez les feuilles abîmées.

4 Mettez les poireaux dans le plat à gratin et nappez-les de béchamel. Recouvrez d'emmental et enfournez pour 20 minutes. Servez aussitôt.

6

Tomates farcies
AU TOFU

150 G DE RIZ

6 TOMATES MOYENNES

400 G DE TOFU FERME

... ET AUSSI UN PEU DE

+ OIGNON (1)
+ HUILE D'OLIVE (1 CUILL. À CAFÉ)
+ BEURRE (20 G)
+ SEL ET POIVRE

POUR VARIER

Vous pouvez remplacer le riz par de la semoule ou du boulgour.

C'EST PARTI !

1 Préchauffez le four à 180 °C (th. 6).

2 Coupez le chapeau des tomates et évidez-les. Réservez la pulpe. Faites cuire le riz à l'eau selon les indications de l'emballage.

3 Pendant ce temps, pelez et émincez l'oignon. Dans une poêle, faites-le revenir dans l'huile d'olive et le beurre. Ajoutez un peu d'eau pendant la cuisson pour le faire légèrement caraméliser.

4 Coupez le tofu en petits dés et ajoutez-le à l'oignon. Faites dorer 3 ou 4 minutes. Ajoutez la pulpe des tomates et mélangez. Hors du feu, incorporez le riz égoutté, délicatement, pour ne pas trop abîmer le tofu.

5 Farcissez les tomates et enfournez pour 15 minutes. Servez bien chaud.

Temps de préparation : 00:15

Mode de cuisson : SANS CUISSON 00:20

Temps de préparation : 00:15 Mode de cuisson : SANS CUISSON 00:40

Tatin DE LÉGUMES

4 CAROTTES

2 COURGETTES

1 PÂTE BRISÉE

… ET AUSSI UN PEU DE

+ SUCRE ROUX (3 CUILL. À CAFÉ)
+ BEURRE DEMI-SEL (50 G)
+ SEL ET POIVRE

CONSEILS

Servez cette tarte avec une salade d'endives. Vous pouvez ajouter 3 petits navets à la garniture de cette tatin. Coupez-les et faites-les cuire comme les autres légumes.

C'EST PARTI !

1 Préchauffez le four à 180 °C (th. 6).

2 Lavez et épluchez les légumes. À l'aide d'une mandoline, coupez-les en lanières. Faites-les cuire à l'eau pendant 10 minutes environ. Ils doivent être tendres mais fermes.

3 Dans une grande poêle, faites revenir le sucre roux avec 4 cuillerées à café d'eau jusqu'à obtenir un caramel de couleur blond clair. Ajoutez le beurre coupé en morceaux et faites dorer pendant 2 minutes.

4 Retirez du feu et versez le caramel dans un moule à tarte de 24 cm de diamètre. Disposez joliment les légumes par-dessus. Salez et poivrez. Déroulez la pâte brisée et recouvrez-en les légumes en rentrant les bords à l'intérieur.

5 Piquez la pâte avec une fourchette et enfournez pour 30 minutes. Démoulez dès la sortie du four.

Tarte au brocoli
ET AU FROMAGE DE CHÈVRE

1 GROS BROCOLI

1 PÂTE FEUILLETÉE

100 G DE FROMAGE DE CHÈVRE FRAIS

… ET AUSSI UN PEU DE

+ ŒUF (1)
+ CERNEAUX DE NOIX (10)
+ SEL ET POIVRE

C'EST PARTI !

1 Préchauffez le four à 180 °C (th. 6) et beurrez un moule à tarte de 24 cm de diamètre. Déroulez la pâte et garnissez-en le moule.

2 Séparez les bouquets de brocoli et faites-les cuire à la vapeur pendant 10 à 12 minutes. Dans un blender, mixez-les avec 80 g de fromage de chèvre, l'œuf et les cerneaux de noix. Salez et poivrez.

3 Versez la préparation sur la pâte et parsemez du reste de fromage. Enfournez pour 25 minutes. Servez chaud.

CONSEIL

Vous pouvez ajouter du miel sur le fromage de chèvre pour apporter un petit goût sucré.

Temps de préparation : 00:10 *Mode de cuisson :* SANS CUISSON 00:35

4

00:15

Mode de cuisson

00:20

Galettes de quinoa aux carottes ET À LA MIMOLETTE

3 CAROTTES

300 G DE QUINOA

60 G DE MIMOLETTE

… ET AUSSI UN PEU DE

+ HUILE D'OLIVE
+ OIGNON (1)
+ ŒUFS (3)
+ SEL ET POIVRE

C'EST PARTI !

1 Rincez le quinoa. Faites-le cuire à l'eau bouillante salée pendant 15 minutes. Égouttez-le.

2 Pendant ce temps, lavez et épluchez les carottes, puis râpez-les. Faites-les revenir dans une poêle avec un peu d'huile d'olive pendant 3 minutes. Laissez-les refroidir.

3 Pelez et émincez l'oignon. Dans un grand bol, mélangez le quinoa, les carottes, les œufs et l'oignon. Coupez la mimolette en petits dés et ajoutez-la. Salez et poivrez.

4 Avec la préparation, façonnez une dizaine de petites galettes plates entre vos mains.

5 Dans une poêle, faites chauffer 2 cuillerées à soupe d'huile d'olive, puis faites bien dorer les galettes pendant 2 minutes de chaque côté. Servez aussitôt.

CONSEIL

Vous pouvez ajouter quelques brins de persil ou de ciboulette, hachés, dans les galettes.

Gratin de pommes de terre
AUX OIGNONS ROUGES

400 G D'OIGNONS ROUGES

1 KG DE POMMES DE TERRE

4 BRANCHES DE ROMARIN

6

00:15

Mode de cuisson

00:55

… ET AUSSI UN PEU DE

+ CRÈME LIQUIDE (25 CL)
+ LAIT (15 CL)
+ NOIX DE MUSCADE RÂPÉE (1 PINCÉE)
+ CRÈME FRAÎCHE ÉPAISSE (4 CUILL. À CAFÉ)
+ SEL ET POIVRE

C'EST PARTI !

1 Préchauffez le four à 180 °C (th. 6) et beurrez un plat à gratin.

2 Lavez et épluchez les pommes de terre. Coupez-les finement à l'aide d'une mandoline. Pelez et émincez les oignons.

3 Dans une grande casserole, faites chauffer la crème liquide avec le lait, puis faites-y infuser le romarin avec la noix de muscade, du sel et du poivre pendant quelques minutes. Ajoutez les pommes de terre, les oignons et faites-les cuire 10 minutes.

4 Retirez le romarin et versez le contenu de la casserole dans le plat à gratin. Répartissez dessus la crème épaisse et enfournez pour 45 minutes. Servez aussitôt.

4

Camembert rôti AUX POMMES

5 NOISETTES

2 PETITES POMMES

1 CAMEMBERT (FROID)

… ET AUSSI UN PEU DE

+ BEURRE (30 G)
+ SUCRE ROUX (3 CUILL. À CAFÉ)

C'EST PARTI !

1 Préchauffez le four à 180 °C (th. 6).

2 Lavez et épluchez les pommes, puis coupez-les en quartiers. Concassez les noisettes.

3 Dans une poêle, faites revenir les pommes dans le beurre, à feu moyen, en saupoudrant de sucre roux et en laissant caraméliser pendant 5 minutes environ.

4 Retirez la croûte du dessus du fromage et replacez-le dans sa boîte de présentation. Disposez les quartiers de pomme en rosace sur le camembert et parsemez de noisettes concassées.

5 Enfournez pour 20 minutes. Dégustez le camembert chaud, avec du pain.

CONSEIL

Mariez ce plat avec une salade de jeunes pousses.

Temps de préparation : 00:05 Mode de cuisson : SANS CUISSON 00:25

Temps de préparation : 00:15

Mode de cuisson : SANS CUISSON 00:30

Frittata aux épinards
ET AUX CHAMPIGNONS

1 BONNE POIGNÉE D'ÉPINARDS

6 ŒUFS

100 G DE CHAMPIGNONS DE PARIS

... ET AUSSI UN PEU DE

+ CRÈME LIQUIDE (2 OU 3 CUILL. À SOUPE)
+ OIGNON (1)
+ BEURRE (20 G)
+ SEL ET POIVRE

C'EST PARTI !

1 Préchauffez le four à 180 °C (th. 6) et beurrez un plat à gratin.

2 Dans un grand bol, fouettez énergiquement les œufs et la crème liquide (vous pouvez même utiliser un fouet électrique, ce qui rendra le plat encore plus savoureux), salez et poivrez.

3 Pelez et émincez l'oignon, nettoyez et coupez les champignons, lavez les épinards.

4 Dans une poêle, faites caraméliser l'oignon avec le beurre. Ajoutez les champignons et faites-les revenir 5 minutes, en remuant de temps en temps. Ajoutez les épinards et laissez cuire encore 3 minutes.

5 Mélangez cette préparation avec les œufs et versez dans le plat. Enfournez pour 15 à 20 minutes. Servez chaud.

CONSEIL

Vous pouvez ajouter des pommes de terre dans la frittata pour un repas un peu plus copieux.

Cheesecakes au spéculoos
ET À LA POIRE

200 g de Philadelphia®

150 g de spéculoos

180 g de compote de poire

... ET AUSSI UN PEU DE

+ BEURRE (60 G)
+ MIEL (2 CUILL. À CAFÉ)
+ CRÈME LIQUIDE TRÈS FROIDE (20 CL)
+ CRÈME FRAÎCHE ÉPAISSE (2 CUILL. À CAFÉ)

RÉFRIGÉRATION : 05:15

C'EST PARTI !

1 Faites fondre le beurre dans une casserole ou au micro-ondes. Écrasez les spéculoos en miettes, ajoutez le beurre fondu, le miel et mélangez.

2 Étalez cette pâte dans le fond de six cercles individuels de 8 cm de diamètre posés sur une plaque recouverte de papier sulfurisé, en tassant bien. Placez 15 minutes au frais.

3 Montez la crème liquide en chantilly. À l'aide d'un fouet, mélangez la crème épaisse, le Philadelphia® et enfin la compote. Incorporez délicatement la chantilly à ce mélange.

4 Versez la crème sur le biscuit froid et replacez 5 heures au minimum au frais.

Temps de préparation : 00:15 *Mode de cuisson :* SANS CUISSON 00:00

Temps de préparation : 00:15

Mode de cuisson : SANS CUISSON 00:20

Gâteau tendre au citron vert ET AUX AMANDES

6-8

4 ŒUFS

25 G D'AMANDES EFFILÉES

2 CITRONS VERTS

… ET AUSSI UN PEU DE

+ BEURRE (80 G)
+ SUCRE GLACE (130 G)
+ FARINE (120 G)
+ LEVURE CHIMIQUE (7 G)
+ SEL (1 PINCÉE)

C'EST PARTI !

1 Préchauffez le four à 180 °C (th. 6). Beurrez et farinez un moule à manqué de 24 cm de diamètre.

2 Faites fondre le beurre dans une casserole ou au micro-ondes. Dans une poêle, faites dorer les amandes à sec.

3 Séparez les blancs des jaunes d'œufs. Fouettez les jaunes avec le sucre glace jusqu'à ce que le mélange blanchisse.

4 Prélevez le zeste des citrons verts et pressez les fruits. Ajoutez le jus de citron vert aux jaunes battus, puis incorporez le beurre fondu, puis la farine et la levure tamisées. Fouettez énergiquement.

5 Montez les blancs en neige avec le sel et incorporez-les délicatement au mélange précédent. Ajoutez enfin le zeste de citron et les amandes effilées.

6 Versez la pâte dans le moule et enfournez pour 20 minutes. Laissez le gâteau refroidir avant de le démouler.

CONSEIL

Saupoudrez de sucre glace et décorez de quelques zestes de citron vert.

04

00:05

Mode de cuisson

00:15

Soupe de pêches AU BASILIC

2 BRANCHES DE BASILIC

1 KG DE PÊCHES JAUNES

1 GOUSSE DE VANILLE

… ET AUSSI UN PEU DE

+ JUS DE CITRON (½)
+ SUCRE EN POUDRE (150 G)

RÉFRIGÉRATION : 01:00

C'EST PARTI !

1 Lavez et épluchez les fruits, puis coupez-les en gros morceaux.

2 Portez à ébullition 50 cl d'eau avec le jus de citron et le sucre. Faites cuire les pêches pendant 15 minutes dans ce sirop.

3 À l'aide d'un couteau, fendez la gousse de vanille en deux dans le sens de la longueur. Raclez l'intérieur de la gousse avec la lame pour en extraire les graines.

4 Mélangez les graines de vanille avec pêches, puis ajoutez les feuilles de basilic. Mixez le tout dans un blender et placez au frais pendant 1 heure.

CONSEIL

Servez avec des madeleines pour le goûter.

Mousse au chocolat
EXPRESS

04

00:10

Mode de cuisson
00:05

6 ŒUFS

200 G DE CHOCOLAT NOIR

RÉFRIGÉRATION : 01:00

POUR VARIER

Vous pouvez ajouter un peu de zeste d'orange râpé dans la mousse pour réveiller les papilles.

C'EST PARTI !

1 Hachez le chocolat. Faites-le fondre au bain-marie et laissez-le refroidir.

2 Cassez les œufs en séparant les blancs des jaunes. Incorporez les jaunes au chocolat refroidi.

3 Montez les blancs en neige et incorporez-les délicatement au mélange précédent.

4 Versez la mousse dans un saladier ou dans des ramequins et placez 1 heure au minimum au frais.

6

Crumble aux pommes ET AUX FRAMBOISES

500 G DE FRAMBOISES

5 OU 6 POMMES (CANADA)

100 G DE SUCRE ROUX

… ET AUSSI UN PEU DE

+ FARINE (100 G)
+ BEURRE (80 G)

C'EST PARTI !

1 Préchauffez le four à 180 °C (th. 6).

2 Épluchez les pommes et coupez-les en gros morceaux. Placez-les dans le fond d'un plat à gratin. Ajoutez par-dessus les framboises.

3 Dans un bol, mélangez le sucre roux et la farine, puis ajoutez le beurre coupé en morceaux. Malaxez du bout des doigts jusqu'à obtenir une pâte sablée friable.

4 Déposez ce crumble sur le mélange pommes-framboises et enfournez pour 30 à 40 minutes. Dégustez tiède ou froid.

CONSEILS

Utilisez des framboises fraîches ou surgelées. Vous pouvez servir le crumble accompagné de crème fraîche épaisse.

Temps de préparation : 00:15

Mode de cuisson : SANS CUISSON 00:40

Temps de préparation : 00:15

Mode de cuisson : SANS CUISSON 00:05

Blanc-manger
À LA NOIX DE COCO

180 G DE LAIT CONCENTRÉ SUCRÉ

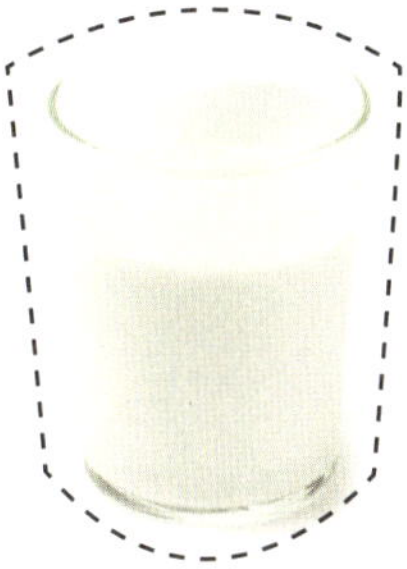

400 G DE LAIT DE COCO

NOIX DE COCO RÂPÉE

... ET AUSSI UN PEU DE

+ GÉLATINE (3 FEUILLES)
+ GOUSSE DE VANILLE (1)
+ JUS DE CITRON VERT (1)

RÉFRIGÉRATION : 02:00

ASTUCE

Afin d'obtenir une crème parfaitement homogène, passez-la au chinois.

C'EST PARTI !

1 Mettez les feuilles de gélatine à tremper dans un bol d'eau froide pendant 10 minutes.

2 Pendant ce temps, à l'aide d'un couteau, fendez la gousse de vanille en deux dans le sens de la longueur, puis raclez l'intérieur avec la lame pour en extraire les graines.

3 Dans une casserole, faites chauffer le lait de coco et le lait concentré, sans laisser bouillir. Ajoutez les graines de vanille et la gélatine essorée. Versez le jus de citron vert et remuez. La gélatine doit fondre complètement.

4 Versez la crème dans des ramequins et laissez refroidir à température ambiante avant de placer 2 heures au minimum au frais.

5 Saupoudrez de noix de coco avant de servir.

4

Ananas rôti au miel
ET À LA VANILLE

1 GOUSSE DE VANILLE

1 ANANAS

6 CUILL. À CAFÉ DE MIEL

… ET AUSSI UN PEU DE

+ JUS DE CITRON (½)
+ BEURRE (40 G)

C'EST PARTI !

1 Préchauffez le four à 180 °C (th. 6).

2 Épluchez l'ananas, mais laissez-le entier. Enlevez les « yeux ». Déposez-le dans un plat allant au four.

3 À l'aide d'un couteau, fendez la gousse de vanille en deux dans le sens de la longueur et raclez l'intérieur avec la lame pour en extraire les graines.

4 Mélangez les graines de vanille avec le jus de citron et 3 cuillerées à café de miel. Badigeonnez-en l'ananas. À l'aide d'un pinceau de cuisine, nappez le fruit du miel restant.

5 Enfournez pour 25 minutes environ, puis déposez le beurre coupé en morceaux sur l'ananas et prolongez la cuisson de 5 minutes. Au cours de la cuisson, arrosez l'ananas et retournez-le régulièrement pour l'imbiber complètement de jus.

6 Sortez l'ananas du four lorsqu'il a une belle couleur caramel. Dégustez chaud.

CONSEIL

Servez l'ananas rôti avec une glace à la vanille ou un sorbet au citron vert.

Temps de préparation : 00:15 Mode de cuisson : SANS CUISSON 00:30

Tarte aux pommes ET À LA CANNELLE

5 POMMES

2 CUILL. À CAFÉ DE CANNELLE EN POUDRE

1 PÂTE FEUILLETÉE

… ET AUSSI UN PEU DE

+ SUCRE EN POUDRE (2 CUILL. À CAFÉ)
+ SUCRE ROUX (2 CUILL. À CAFÉ)
+ VANILLE EN POUDRE (1 CUILL. À CAFÉ)
+ BEURRE FONDU (20 G)

C'EST PARTI !

1 Préchauffez le four à 180 °C (th. 6).

2 Dans un bol, mélangez les sucres, la vanille et la cannelle. Faites fondre le beurre dans une casserole ou au bain-marie.

3 Épluchez les pommes, coupez-les en quartiers, puis en tranches de taille moyenne.

4 Déroulez la pâte feuilletée sur une plaque de four recouverte de papier sulfurisé. Saupoudrez toute la surface de la pâte avec le mélange sucres-épices.

5 Disposez les tranches de pomme sur la pâte en les faisant se chevaucher. Sucrez les pommes. À l'aide d'un pinceau de cuisine, badigeonnez-les de beurre fondu. Enfournez pour 20 minutes. Dégustez tiède ou froid.

CONSEIL

Servez la tarte avec un sorbet à la pomme verte.

Temps de préparation : 00:10

Mode de cuisson : SANS CUISSON 00:20

6

00:15

Mode de cuisson

00:00

SANS CUISSON

Tiramisu EXPRESS

20 CL DE CAFÉ

200 G DE BOUDOIRS

500 G DE MASCARPONE

... ET AUSSI UN PEU DE

+ GOUSSE DE VANILLE (1)
+ SUCRE EN POUDRE (100 G)
+ CRÈME LIQUIDE ENTIÈRE, TRÈS FROIDE (30 CL)
+ CACAO EN POUDRE (30 G)

RÉFRIGÉRATION : 02:00

ASTUCE

Placez les fouets et un grand bol dans le bac à glace pendant quelques minutes afin de monter plus facilement la crème en chantilly.

C'EST PARTI !

1 À l'aide d'un couteau, fendez la gousse de vanille en deux dans le sens de la longueur. Raclez l'intérieur de la gousse avec la lame pour en extraire les graines.

2 Trempez rapidement les biscuits dans le café et répartissez-les en morceaux au fond de six ramequins.

3 Dans un grand bol, fouettez le mascarpone avec le sucre et les graines de vanille. Montez la crème liquide en chantilly bien ferme et incorporez-la délicatement à la crème au mascarpone.

4 Avec une cuillère, recouvrez généreusement les biscuits de crème. Placez le tiramisu au frais pour au moins 2 heures.

5 Saupoudrez de cacao au moment de servir.

Cookies AU CHOCOLAT

1 ŒUF

180 G DE BEURRE RAMOLLI

200 G DE PÉPITES DE CHOCOLAT NOIR

6

00:15

Mode de cuisson

00:10

... ET AUSSI UN PEU DE

+ SUCRE EN POUDRE (50 G)
+ SUCRE ROUX (150 G)
+ EXTRAIT DE VANILLE (1 CUILL. À CAFÉ)
+ FARINE (250 G)
+ LEVURE CHIMIQUE (1 SACHET)
+ SEL (1 PINCÉE)

RÉFRIGÉRATION : 00:30

POUR VARIER

Vous pouvez remplacer la moitié de pépites de chocolat noir par des pépites de chocolat blanc.

C'EST PARTI !

1 Dans un grand bol, mélangez l'œuf, le beurre ramolli, les sucres et la vanille. Ajoutez la farine et la levure tamisées, le sel, et mélangez de nouveau jusqu'à obtenir une pâte homogène. Ajoutez les pépites de chocolat et mélangez encore. Couvrez et placez la pâte 30 minutes au frais.

2 Préchauffez le four à 180 °C (th. 6). Recouvrez une plaque de papier sulfurisé.

3 Formez des petites boules de pâte entre vos mains et déposez-les sur la plaque en les espaçant de 3 cm. Enfournez pour 10 minutes.

4 Laissez les cookies refroidir à la sortie du four.

6

Fondants tièdes au chocolat ET AU GINGEMBRE

2 ŒUFS

200 G DE CHOCOLAT À 70 % DE CACAO

1 CUILL. À CAFÉ DE GINGEMBRE FRAIS RÂPÉ

... ET AUSSI UN PEU DE

+ BEURRE (120 G)
+ SUCRE EN POUDRE (120 G)
+ FARINE (80 G)

C'EST PARTI !

1 Préchauffez le four à 180 °C (th. 6). Beurrez et farinez six petits ramequins ou des cercles de 8 cm de diamètre et posez-les sur une plaque recouverte de papier sulfurisé.

2 Hachez le chocolat et faites-le fondre au bain-marie. Ajoutez le beurre coupé en petits morceaux. Mélangez.

3 Hors du feu, ajoutez le sucre, la farine tamisée et les œufs, puis le gingembre. Mélangez énergiquement et versez la pâte dans les ramequins (ou les cercles).

4 Enfournez pour 8 à 10 minutes. Laissez refroidir les fondants à température ambiante.

Temps de préparation : 00:10

Mode de cuisson : SANS CUISSON 00:10

Index PAR INGRÉDIENT

A

Ananas
Ananas rôti au miel et à la vanille 94
Sauté de porc à l'ananas 32

B

Bœuf
Wok de bœuf au brocoli et aux carottes 45

Brocoli
Tarte au brocoli et au fromage de chèvre 76
Wok de bœuf au brocoli et aux carottes 45

C

Cabillaud
Fish and chips 54
Papillotes de cabillaud, sauce aux noix de cajou 64

Carotte
Galettes de quinoa aux carottes et à la mimolette 78
Potage de carottes au lait de coco et au gingembre 20
Tatin de légumes 75
Wok de bœuf au brocoli et aux carottes 45

Champignon de Paris
Frittata aux épinards et aux champignons 83
Rôti de porc aux champignons 46

Chocolat
Cookies au chocolat 99
Fondants tièdes au chocolat et au gingembre 100
Mousse au chocolat express 89

Chorizo
Pâtes à la crème de chorizo 34

Chou-fleur
Potage de chou-fleur aux noisettes 31

Citron vert
Gâteau tendre au citron vert et aux amandes 87

Colin
Colin à la sauce verte 56

Concombre
Gaspacho de courgette-concombre 29
Houmous au concombre 14

Courgette
Gaspacho de courgette-concombre 29
Tatin de légumes 75

Crevette
Crevettes à la noix de coco 62

E

Endive
Tarte aux endives et crème de jambon 48

Épinards
Croque-monsieur aux épinards et au speck 35
Frittata aux épinards et aux champignons 83

F

Fenouil
Cake au fenouil, lardons et fromage 22

Feuille de brick
Bricks de sardines 53

Framboise
Crumble aux pommes et aux framboises 90

Fromage
Bricks de sardine 53
Cake au fenouil, lardons et fromage 22
Camembert rôti aux pommes 80
Cheesecake au spéculoos et à la poire 84
Flammekueche rapide 49
Flans de petits pois aux lardons 42
Galettes de quinoa aux carottes et à la mimolette 78
Gaspacho courgette-concombre 29
Gratin de poireaux 71
Mignonnette de porc sauce poire et bleu 36
Mille-feuille de mozzarella et de pêches 18
Pizza blanche à la mozzarella et à la sauge 66
Pizza blanche à la mozzarella et à la sauge 66
Tarte au brocoli et au fromage de chèvre 76
Tarte au brocoli et au fromage de chèvre 76
Tiramisu express 98

J

Jambon
Tarte aux endives et crème de jambon 48

L

Lait concentré sucré
Blanc-manger à la noix de coco 93

Lait de coco
Blanc-manger à la noix de coco 93
Potage de carottes au lait de coco et au gingembre 20

Lardons
Cake au fenouil, lardons et fromage 22
Flammekueche rapide 49
Flans de petits pois aux lardons 42

Lieu
Papillotes de lieu aux agrumes 57

M

Miel
Poulet au miel et à la moutarde 38

Moules
Cassolette de moules au curry 58

N

Navet
Chips de légumes 12
Tatin de légumes 75

Noisette
Potage de chou-fleur aux noisettes 31

Noix
Tagliatelles au pesto de roquette et de noix 69

Noix de cajou
Papillotes de cabillaud, sauce aux noix de cajou 64

Noix de coco
Blanc-manger à la noix de coco 93
Crevettes à la noix de coco 62

O

Oignon
Gratin de pommes de terre aux oignons rouges 79
Tarte fine aux oignons rouges 23

Œuf
Frittata aux épinards et aux champignons 83
Œuf cocotte au poivron et à la ciboulette 26

P

Pamplemousse
Papillotes de lieu aux agrumes 57

Patate douce
Chips de légumes 12
Fish and chips 54

Pâte à pizza
Pizza blanche à la mozzarella et à la sauge 66

Pâte brisée
Tatin de légumes 75

Pâte feuilletée
Flammekueche rapide 49
Tarte au brocoli et au fromage de chèvre 76
Tarte aux endives et crème de jambon 48
Tarte aux pommes et à la cannelle 96
Tarte fine aux oignons rouges 23

Pâtes
Pâtes à la crème de chorizo 34
Tagliatelles au pesto de roquette et de noix 69

Pêche
Mille-feuille de mozzarella et de pêches 18
Soupe de pêches au basilic 88

Petits pois
Flans de petits pois aux lardons 42
Velouté de pommes de terre aux petits pois 28

Poire
Cheesecakes au spéculoos et à la poire 84
Mignonnettes de porc, sauce poire et bleu 36

Poireau
Blanquette de saumon aux poireaux 61
Gratin de poireaux 71

Poivron
Œufs cocotte au poivron et à la ciboulette 26
Sauté de porc à l'ananas 32

Pomme
Camembert rôti aux pommes 80
Crumble aux pommes et aux framboises 90
Tarte aux pommes et à la cannelle 96

Pomme de terre
Boulettes de poulet à la coriandre 43
Galettes de lentilles et de pommes de terre 68
Gratin de pommes de terre aux oignons rouges 79
Velouté de pommes de terre aux petits pois 28

Porc
Mignonnettes de porc, sauce poire et bleu 36
Rôti de porc aux champignons 46
Sauté de porc à l'ananas 32

potiron
Mini-muffins au potiron 25

Poulet
Boulettes de poulet à la coriandre 43
Émincé de poulet à la sauge 40
Poulet au miel et à la moutarde 38

Q

Quinoa
Galettes de quinoa aux carottes et à la mimolette 78

R

Riz
Tomates farcies au tofu 72

Roquette
Tagliatelles au pesto de roquette et de noix 69

S

Sardine
Bricks de sardines 53

Saumon
Blanquette de saumon aux poireaux 61
Papillotes de saumon aux tomates cerises 50

Spéculoos
Cheesecakes au spéculoos et à la poire 84

T

Thon
Rillettes de thon aux tomates séchées 17

Tofu
Tomates farcies au tofu 72

Tomate
Mille-feuille de mozzarella et de pêches 18
Papillotes de saumon aux tomates cerises 50
Pâtes à la crème de chorizo 34
Rillettes de thon aux tomates séchées 17
Tomates farcies au tofu 72

V

Vanille
Ananas rôti au miel et à la vanille 94
Soupe de pêches au basilic 88

TABLE DES ÉQUIVALENCES FRANCE-CANADA									
Poids	55 g	100 g	150 g	200 g	250 g	300 g	500 g	750 g	1 kg
	2 onces	3,5 onces	5 onces	7 onces	9 onces	11 onces	18 onces	27 onces	36 onces
Ces équivalences permettent de calculer le poids à quelques grammes près (en réalité, 1 once = 28 g).									

Capacités	5 cl	10 cl	15 cl	20 cl	25 cl	50 cl	75 cl
	2 onces	3,5 onces	5 onces	7 onces	9 onces	17 onces	26 onces
Pour faciliter la mesure des capacités, une tasse équivaut ici à 25 cl (en réalité, 1 tasse = 8 onces = 23 cl).							

Photographies des recettes
Fabrice Besse (stylisme Aude Royer)

Crédits photographiques des vignettes
© Thinkstock: 8 (b, c, d), 9 (b, c, d, f, g, h), 10 (a, d, e, g, j, k), 11 (a, b, d, f, g, h), 12 (b, c), 13 (b), 17 (b), 18 (b, c), 20 (a, c), 22 (a, b), 25 (c), 26 (a, b, c), 28 (a, c), 31 (c), 32 (b, c), 34 (a, c), 35 (a, b, c), 36 (a, b, c), 38 (a, b), 40 (a, b), 42 (b), 43 (a, b, c), 45 (a, b, c), 46 (b, c), 48 (b), 49 (c), 50 (b, c), 53 (b), 54 (a), 56 (a, b, c), 57 (b, c), 58 (b, c), 61 (b, c), 62 (a, b, c), 64 (b, c), 66 (c), 68 (a, b, c), 69 (a, b, c), 71 (a, c), 72 (a, b, c), 75 (a, b), 76 (b), 78 (b, c), 79 (a, c), 80 (a, b), 83 (a, b, c), 84 (c), 87 (a, c), 88 (a, b), 89 (b), 90 (a, b, c), 93 (c), 94 (a, b), 96 (b, c), 98 (a, b, c), 99 (a, b), 100 (b, c).

© Shutterstock: 8 (a, e, f), 9 (a, e,), 10 (b, c, f, l), 11 (c, e), 12 (a), 13 (a), 17 (a), 18 (a), 22 (c), 23 (b, c), 25 (a, b), 28 (b), 31 (a, b), 32 (a), 34 (b), 38 (c), 42 (a), 46 (a), 48 (c), 49 (b), 50 (a), 54 (b, c), 57 (a), 58 (a), 61 (a), 64 (a), 66 (b), 71 (b), 78 (a), 79 (b), 80 (c), 87 (b), 88 (c), 89 (a), 94 (c), 100 (a).

© Larousse: 10 (h, i), 13 (c), 17 (c), 20 (b), 23 (a), 40 (c), 42 (c), 48 (a), 49 (a), 53 (a, c), 66 (a), 75 (c), 76 (a, c), 84 (a, b), 93 (a, b), 96 (a), 99 (c).

Remerciements shopping
L'auteur tient à remercier les magasins CARAVANE de la rue Saint Nicolas (Paris XIIe arr.). La qualité de ses produits et l'élégance de ses tissus ont largement participé a la réussite des images.

Direction de la publication : Isabelle Jeuge-Maynart et Ghislaine Stora
Direction éditoriale : Agnès Busière
Édition : Ewa Lochet
Conception graphique et couverture : Émilie Laudrin
Informatique éditoriale : Philippe Cazabet
Mise en page : Nord compo
Fabrication : Donia Faiz et Laure Ferrandis

ISBN : 978-2-03-591435-4

Photogravure Nord Compo, Villeneuve-d'Ascq
Imprimé en Espagne par Graficas Estella, Estella
Dépôt légal : septembre 2015
316455/01 - 11030555 - juillet 2015

fraises
CRESSON
MELONS CAROTTES
courges OIGNONS tomates
NAVETS
CHOUX agneau RADIS ORANGES poires
POIVRE NOIX ANANAS panais SEL NAVETS BLETTES FENOUIL
BANANES
betteraves POTIRONS CANNELLE crevettes SAUMON

AVOCATS potirons CELERIS-RAVES RAISINS FROMAGES POIREAUX
BROCOLI CONCOMBRES ORANGES VEAU DINDE LAPIN
ŒUFS courgettes ASPERGES champignons
AUBERGINES PORC POIVRONS
artichauts POULET AIL RIZ SEL CANARD
BŒUF CITRONS avocats haricots
POMMES DE TERRE
BLETTES
POMMES